Friedrich Wilhelm von Graevenitz

Wahrhafte Erzählung der Schicksale des gewesenen kaiserlichen Reichshofrats

Friedrich Wilhelm von Graevenitz

Wahrhafte Erzählung der Schicksale des gewesenen kaiserlichen Reichshofrats

ISBN/EAN: 9783743628861

Hergestellt in Europa, USA, Kanada, Australien, Japan

Cover: Foto ©ninafisch / pixelio.de

Weitere Bücher finden Sie auf **www.hansebooks.com**

Wahrhafte Erzählung

der

Schicksale

des

gewesenen Kaiserlichen Reichs-Hofraths

Grafen von Grävenitz,

zur

Rechtfertigung

gegen die

Beschuldigungen

des Freyherrn

von der Trenck

in einem Schreiben aus dem Mecklenburgischen.

Frankfurt und Leipzig
bey Johann Benjamin Georg Fleischer
1788.

Wahrhafte Erzählung

der

Schicksale

des

gewesenen Kaiserlichen Reichs-Hofraths

Grafen von Grävenitz,

zur

Rechtfertigung

gegen die

Beschuldigungen

des Freyherrn

von der Trenck

in einem Schreiben aus dem Mecklenburgischen.

Frankfurt und Leipzig

bey Johann Benjamin Georg Fleischer

1788.

Mein Freund!

Sie verlangen von mir einige Aufklärung über die dem gewesenen Kaiserl. Reichs-Hofrath Grafen von Gräveniz von dem Freyherrn von der Trenck zur Last gelegte Beschuldigungen. Wie freue ich mich, daß mein genauer Umgang mit gedachtem Herrn Grafen mich in den Stand setzt, Ihnen hoffentlich vollkommenes Genüge zu leisten.

Eine bloße Erläuterung der Trenckischen Prozeßgeschichten möchte aber wohl nicht hinreichen. Der Herr Freyherr hat durch die Erzählung seiner außerordentlichen Leiden, Menschen-Kräfte übersteigenden Arbeiten, Untergrabung von Mauren und Vestungswerken, und selbst durch seine Mordgeschichten den Leser für sich einzunehmen gewußt; und wer kann in Ansehung der Glaubwürdigkeit seines unglaublichen Mähr-
chens

chens der vermessenen und ganz unerhörten Aufforderung des Büttels: ihm die Hand vom Rumpfe zu hauen, falls ihn eine lügenhafte Seele bewohnt, widerstehen? Freylich gilt sie nichts mehr, als ein der T...... hohl mich! denn der Gott sey bey uns! ist immer galant genug seinen Herausforderer nicht beym Wort zu nehmen. Aber dem lesenden Pöbel ist doch dadurch Staub in die Augen geworfen.

Um daher das Unrichtige in der Geschichte aufzudecken, muß ich Ihnen von dem ganzen Schicksal des beleidigten Grafen eine kurze Nachricht mittheilen. Ueberschreite ich die gewöhnliche Länge eines Briefes, so müssen Sie mich schon entschuldigen. Baron von der Trenck hat zu viel Unrichtigkeiten angegeben, als daß ein Bogen zu deren Aufdeckung genügte.

Die Offenherzigkeit, womit der Herr Graf von Grävenitz mir seine Papiere und Urkunden unverholen vorgelegt hat, verbürget die Wahrheit meiner Erzählung; und Urkunden beweisen immer mehr als die vermessensten Verwünschungen.

Von der Familie des Herrn Grafen sage ich Ihnen nichts, da es Ihnen ohnehin bekannt ist, daß sie in Brandenburg, Mecklenburg, Schwaben und Franken, wo der Herr Graf von Grävenitz

venitz vom Gräflichen Collegio 1779. ad vota
et seſſionem wieder aufgenommen worden iſt,
zu Hauſe gehört.

Sein Vermögen iſt an ſich nur geringe, und
beſtand in dem Guthe Weßelsdorf in Mecklenburg, deſſen Genuß er ſeiner Frau Mutter über-
laſſen hatte, ohne ſeit 1764. davon irgend etwas
zu erheben. Sein Dienſt war daher immer das
Einzige, was ihm bis zu ſeiner Dienſtentlaſſung
den nöthigen Unterhalt gab, und ſelbſt jetzt iſt er
nicht in dem Beſitz des Seinigen, ſondern hat
deshalb vor dem Herzogl. Hof- und Landgericht
die beſchwerlichſten Prozeſſe abzuführen.

Seinen Charakter würde ich Ihnen mit aller
Wahrheit ſchildern, wenn ſie ihn nicht weit rich-
tiger aus ſeinem Schickſal beurtheilen würden.
An Gaben, Geſchicklichkeit und unermüdetem
Fleiß fehlt es ihm nicht. Er iſt friedfertig,
mitleidig, wohlthätig, aber er vertraut ſich zu
leicht dem Leichtſinn derjenigen, die ihm mit
Hofnungen und guten Ausſichten ſchmeicheln,
und findet an großen Entwürfen Geſchmack, die
ihm zum Theil gelungen wären, wenn er ſie nicht
mit Leuten überlegt hätte, die ſeine Offenherzigkeit misbrauchten. Sein größter Lobſpruch iſt
ohne Zweifel die Unpartheylichkeit, wovon er
allenthalben, und hier in Mecklenburg bey der
Herzogl. Juſtitzkanzley zu Schwerin, landkun-
dige

dige Beweise gegeben hat. Seine Gabe, Vergleiche zu stiften aber, macht seinem Herzen und seinem Kopfe Ehre.

Er ward auf dem Lande erzogen, und die eingezogene ländliche Lebensart hat in ihm eine Schüchternheit und Blödigkeit zurückgelassen, die auch die große Welt nicht verdrängen können.

Sie war ihm in mancher Audienz eben so nachtheilig, als im gemeinen Leben. Dort ward sie für Mangel nöthiger Gegenwart des Geistes gehalten, und hier sahe man sie für Hochmuth an, den man mit seiner angebornen Leutseligkeit contradictorisch fand.

Die noch vorhandene Rechnungen beweisen, daß er auf Universitäten ein Muster von Ordnung und Eingezogenheit gewesen seyn müsse, und seine Geschichte beweiset, daß er seine Zeit gut angewandt habe, ob er gleich aufrichtig gestehet, daß bey seinem Eintritt im Dienst man ihn für das nicht angesehen hat, was er doch wirklich war. In Schwerin betrat er als Canzleyauditor die Schaubühne der Welt; nach drey Viertel Jahr ward er Rath, und im 6ten Jahr Vice-Kanzleydirector. Man begieng den großen Fehler, daß, obwohl er damals noch nicht mündig war, man ihm doch nichts zu seinem Unterhalt auswarf, sondern es seiner Willkühr führ überließ, sich Credit zu verschaffen. Niemand erkundigte sich, wovon er lebe, gleichwohl wußte ein jeder, daß er als Auditor kein Gehalt genoß, und daß bey der allgemeinen Landescalamität das ihm als Rath ausgeworfene Gehalt von 600 Rthl. durch sieben Viertel Jahr, theils zur Verfallzeit unberichtiget blieb, theils erst in den folgenden sieben Viertel Jahren nach und nach erhoben ward. Welch Wunder! wenn er in dieser ganzen Zeit — und fast immer bey Wucherern borgte. Als aber der beständige halbjährige Umsatz seinen Gläubigern verdächtig, und seinen Verwandten bekannt ward, daß er bereits 3000 Rthl. schuldig sey, so ward der arme Mann recht gemishandelt. Man ließ ihn ein ganzes Jahr Credit= und Hülfloß. Aus Unmuth versuchte er sein Glück im Spiel, und vermehrte nun seine Schulden noch um 1000 Rthl. Anstatt mit seinem eigenthümlichen Vermögen seine Schulden zu tilgen, wählte man aber den entgegengesetzten Weg, beruhigte seine Gläubiger mit Sicherheiten, und überließ es ihm jährlich mit seinem Gehalte die Zinsen zu berichtigen. Das setzte ihn in eine Lage, die von Jahr zu Jahr unleidlicher ward.

Er suchte sein Schicksal durch eine Heyrath zu verbessern. Er fand ein Mädchen vom Stande, Erziehung und Vermögen. Er fand sie nicht gleich gegen sich, und 25000 Rthl. hätten

hätten ihn in die glücklichsten Umstände versetzt; allein — man widerrieth dem gehoften Schwiegervater seine Einwilligung zu dieser Heyrath zu geben. Diese Aussicht schlug also fehl, und dieses legte mit jener Einleitung seiner häußlichen Umstände den Grund zu allen folgenden Widerwärtigkeiten. Jung, im Ruf von Fleiß und Geschicklichkeit, in einem in Mecklenburg angesehenen Posten; hätte man nicht vermuthen sollen, daß es ihm an anderweitem Glück in Ehe Sachen fehlen könne. Doch! an zehn Orten ward geworben, aber allenthalben vergebens. Denn der erste Vorgang war bekannt. Er blieb also von 1760. bis 1769. unverheyrathet, und man glaubte schon, daß er hagestalz bleiben würde. Aber der Himmel hatte es anders beschlossen. Der Herzogl. Mecklenburgische Oberjägermeister von Pentz starb 1768. um Weyhnachten; ein Mann von geprüfter Redlichkeit, aber ein Mann, der auch aus Liebe zu seiner Frau nicht nur seine väterlichen, sondern auch die angeerbten vier Hauptgüther, Warsow, Besendorf, Dußin und Darsenow verzehret, und auf die zuletzt besitzende Güther Melkhof, Gesow und Langenheide eine ansehnliche Schuldenlast contrahirt hatte. Er hinterließ eine Wittwe von 54 Jahren, ohne Kinder, mit einem Jahrgelde von 1000 Rthl., und als seine Universalerbin im Alloblo, welches beträchtlich war. Nicht vom feinsten Geist war sie auch in ih Alter schön; und

und was sind nicht ein eingerichtetes Haus mit einem Ueberfluß an Silber, Meubeln, und Einrichtung, ja baare Capitalien für eine mächtige Lockspeise? Dem Grafen von Grävenitz fiel indessen der Gedanke einer Heyrath mit ihr auch von weitem nicht ein, und doch ward nach der Auseinandersetzung mit den Lehnsvettern, wozu sie den Grafen als Beystand erbat, die Sache so verwickelt, daß der ehrliche Rabner des Grafen Ehe mit ihr sicherlich unter diejenigen gezählt haben würde, die im Himmel geschlossen sind. Genug! am 2ten Jan. 1770. ward er mit der verwittweten Frau Oberjägermeisterin von Pentz, einer gebornen von Rantzau, aus dem Hause Segalendorf ehelich eingesegnet, und niemanden fiel es dabey ein, daß die Braut die Gültigkeit dieser Einsegnung künftig bezweifeln würde.

Die Fertigung der Ehepakten hatte er, um uninteressirt zu scheinen, andern überlassen. Der Frau Gräfin ward darin die freye Disposition mit dem Ihrigen vorbehalten. Sie sollte seine Universalerbin seyn, ihm hingegen sollten, daferne sie nicht zu seinen Gunsten per Testamentum anders disponire, bey ihrem Ableben 2000 Rthl. von ihrem Vermögen heimfallen. Die Herzogl. Justitzkanzley zu Schwerin bestätigte diese Ehe-Pakten.

A 5   Hofnung,

Hofnung, sich durch diese Heyrath zu verbessern, konnte er nun wohl daraus nicht schöpfen, und er ward vielmehr sehr bald gewahr, daß seine Gättin ihn schnell in neue Sorgen versetzen würde. Ihre Capitalien waren bald verschwunden, denn ihres ersten Mannes Schulden wurden damit getilget. Bey der freyen Disposition mit dem Ihrigen konnte ihr die Veräußerung ihrer Mobilien nicht gewehret werden, und das Haus war daher, wenn der Graf im Rathe war, eine offene Bude. Ihre jährliche Einnahme von 1000 Rthl. konnte zum Aufwande nicht hinreichen. Täglich gute Freunde, alle Monat wenigstens große Tafel, und wo nicht früher, doch alle 14 Tage Abendgesellschaft zu 60 und 70 Personen, erforderte eine größere Einnahme. Das schlimmste war, die beständigen Gesellschaften veranlaßten Spiel, und zu gefällig, um in seinem Hause etwas abzuschlagen, ward der Graf oft gezwungen, sich im Spiel einzulassen, das ihn fast immer großen Verlust aussetzte.

In diesem Gewirre vernachläßigte er seinen Dienst nicht, und die Schweriner Sachwälde haben noch lange nach seiner Abreise seine Fertigkeit in der Arbeit, und noch mehr seine Gabe zu vergleichen geschätzt. Sein Fleiß und seine Geschicklichkeit wurden allgemein erkannt, nur da nicht, wo er sie am mehrsten bemerkt zu werden wünschte. Als Herzogl. Commissarius zur
Auf-

Aufnahme zwölfjähriger Münzrechnungen, und als Commissarius der Herzogl. Cammer in Grenzstreitigkeiten mit der Vorderstadt Parchim, leistete er dem Hofe die ersprießlichsten Dienste, wovon die Hochfürstl. Cammer noch jetzt die wichtigsten Vortheile genießt, und im Lande suchte mancher Edelmann bey ihm Rath und Hülfe. Allein zu einer weiteren Beförderung im Mecklenburgischen schien ihm alle Hofnung abgeschnitten, da die erste Einleitung seiner häußlichen Umstände ihn zu sehr benachtheiliget hatte. Vergebens suchte er daher anderweitige Versezzung, selbst unter dem Schuze der Landesstände nach. Man schüzte immer Unmöglichkeit vor, und da seine Frau Gemahlin durch ihre Heyrath im Range verloren hatte; so hatte er auch ihre tägliche Kränkungen zu bekämpfen. Er bot auf seinen Reisen in Kiel und Kopenhagen seine Dienste an, erhielt Versprechung; die Veränderungen im Ministerio zu Kopenhagen aber vereitelten auch diese Aussicht.

In dieser Lage gieng ihm Anno 1772. durch die Bekanntschaft mit dem Kaiserl. Reichs-Hofrath Grafen zur Lippe die Nachricht zu, „daß „die evangelische Reichs-Hofrathsstelle auf der „Herrenbank durch die Beförderung des Frey„herrn von Thüngen zur Präsidentenstelle in „Wezlar erlediget sey, mit der Aufforderung sich „darum zu bewerben."

Der

Der Graf von Grävenitz hatte dazu keine Neigung, denn es entfernte ihn zu sehr von Verwandten und von seinem Guthe. Er antwortete daher: „daß er nur dann den Posten annehmen würde, wann ihm darüber ein förmlicher Ruf zugehen sollte." Bedeutet: „daß niemand die Stelle erhalte, ohne sich darum zu bewerben," erwiederte er, „er würde sie nie nachsuchen, ohne Versicherung, daß auf sein Ansuchen auch die Wahl auf ihn fallen würde."

Nun ward ihm ein Billet mitgetheilt, nach welchem „auf ihn die Wahl fallen sollte, wenn er zur Nachsuchung sich entschließen könnte." Er sandte daher, da am 30sten Aug. 1772 die Wahl geschehen sollte, am 12ten desselben Monats eine Estaffette nach Wien ab, und Seiner Herzogl. Durchlaucht zu Mecklenburg-Schwerin begleiteten sein Gesuch mit einer dringenden Empfehlung, die ihm stets rühmlich seyn wird. Schon am 12ten Sept. 1772 erhielt er durch des Herrn Reichs-Vicekanzlers Fürsten von Collorebo Hochfürstlichen Gnaden, die Nachricht, von der auf ihn gefallenen Wahl.

Eine Vorempfindung seines Schicksals ließ ihn die Nachricht mit einem Phlegma erbrechen, die alle Anwesende in Verwunderung setzte, weil man ihn über die angediehene Gnade entzückt zu seyn vermuthete. Seine Frau Gemahlin war es auch wirklich, und fieng schon im Geiste an, über den größten Theil der Schwerinerdamens hinwegzusehen; Er aber wußte, daß ihn dieser Posten in ein Land versetze, worin er nicht mehr als drey Personen kannte. Waren ihm gleich seine künftige Pflichten nicht unbekannt, so blieb er doch dort noch lange ein Neuling, und ward gleich seine Einnahme von 700 Rthl. auf 2600 Gulden erhöhet, so erkannte er doch, daß Wien ein theuer Pflaster sey, und seine Gemahlin ihre Ausgaben nicht zu beschränken wisse. Hiezu kam noch, daß er ein ihm und vielen seiner Verwandten glücklich scheinendes Projekt, Wöpkendorf mit Perlnengien zu kaufen, unter Händen hatte, und bis auf Herzogl. Consens mit Creditoribus und den Lehensvettern, um 48000 Rthl. einig war. Ein jeder hält sich von den Vortheilen des jetzigen Besitzers überzeugt; diese Dienstveränderung aber zwang ihn, allem Vortheil zu entsagen.

Seine Umstände machten ihm dabey nicht wenige Sorgen. Die alten Schulden waren noch nicht getilgt, jetzt brauchte er bloß zur Bestreitung der Taxen 5 bis 600 Dukaten, und was erforderte nicht seine neue Einrichtung? Er überlegte daher mit seiner Frau, wie der nöthige Aufwand am besten bestritten werden könne; und entschloß sich vorauszureisen; die Frau Gräfin aber zur bequemeren Versilberung des Hauses

und

und der Mobilien zurückzulassen. Mit schwerem Herzen gieng er den 20sten Oct. 1772. nach Wien ab. Sehr bald ward er aber überzeugt, daß er durch diese Einrichtung sehr unklüglich gehandelt habe, denn seine Frau als nunmehrige Kaiserl. Reichshofräthin glaubte ihrem neuen Stande Ehre machen zu müssen; ihr Haus war daher stets voll Gäste, und anstatt von ihren Mobilien durch Auctionen den höchsten Nutzen zu ziehen, verkaufte sie die besten unter der Hand aufs wohlfeilste, ohne weder auf vorhergegangene noch auf künftige Ausgaben Rücksicht zu nehmen. Ein redlicher Freund in Mecklenburg benachrichtigte ihn von diesem alles verzehrenden Aufwande. Nun war er zwar vormals dem aus vielen triftigen Gründen geschöpftem Rath eines einsichtsvollen Verwandten völlig beygepflichtet, und gesonnen, seine Frau Gemahlin vor der Hand nicht nach Wien abzuholen; allein diese Nachricht machte es ihm nothwendig, von dem einmal gefaßten Beschluß abzugehen. Er forderte daher seine Frau Gemahlin zu ihrer Ueberkunft nach Wien auf; da er daselbst sich, jedoch mit einem Aufwande von 4000 Rthl. bereits anständig eingerichtet hatte.

Die Frau Gräfin beschleunigte ihre Reise, übereilte nun in Auctionen den Verkauf der Mobilien, ohne sich um den Verkauf des Hauses zu bekümmern, und traf den 25sten Junii 1773.

in

in Wien ein. Er fand sie mit seiner Einrichtung zufrieden; mußte aber zu seinem Erstaunen erfahren, daß obwohl sie noch eine Forderung des Grafen an des regierenden Herrn Herzogs zu Mecklenburg-Schwerin Durchlaucht mit 1000 Rthl. erhoben, das Mobiliare versilbert, und dem Grafen nichts als 200 Rthl. nachgesandt hatte, alle ihre Baarschaft nur in 900 Dukaten bestand, wozu sie in Schwerin noch 1000 Rthl. aufgenommen hatte; so daß eigentlich von ihrem Vermögen nichts vorhanden war, und er von Wien aus, sogleich baare 500 Rthl. nach Mecklenburg remittiren mußte.

Das war ihm nun freylich unbegreiflich, und nur erst 1784. fiel ihm der Postenzettel seiner Frau in die Hände, nach welchem sie in Termino Trinit. 1773. laut ihrer eigenen Hand durch den Hof-Agent Nathan zu Schwerin 10000 Rthl. versandt hatte, ohne daß dem Grafen noch bis diese Stunde bekannt geworden ist, wohin solche gekommen sind. Er ließ nunmehro von Wien aus den Verkauf des Hauses in Schwerin besorgen, aber das Haus, welches wenige Jahre nachher für 6000 Rthl. und darüber verkauft ward, ward durch listige Einfädelung nur für 3900 Rthl. ausgebracht. Der Graf von Grävenitz war in Wien zu gut aufgenommen, als daß er den Muth hätte verlieren sollen. Er hofte vielmehr, die Scharte bald aus-

auszuweßen. Da er schon am 7ten December 1772. im Reichshofrath introducirt war; so war er mit seiner Lage völlig bekannt. Zuschuß besorgte er nicht zu bedürfen. Maut, Sperr-Linien und Postfreyheit, mit 2600 Fl. Gehalt; 500 Fl. Quartiergeld, und im Durchschnitt 2000 Fl. Laudemial- und Revisionsgelder schienen ihm zu seinem Auskommen hinlänglich, da seine Frau ein Gehalt von 1000 Rthl. genoß, das zur innern Wirthschaft genügte. Das Bewußtseyn seines unbegrenzten Fleißes, ließ ihm daneben die Hofnung, daß die von Kayserl. Majestät bey Dero Regierungsantritt jedem fleißigen Rath zugesicherte Verbesserung von 1000 Fl. ihm nicht entstehen könne. Aber er träumte nur, wie die Folge lehret.

Indessen hatte er nicht ganz unrecht, wenn er sich goldene Berge versprach. Sein erster Vortrag, den er vom 7ten bis 11ten Februar 1773. hatte, zeichnete ihn als einen Mann von Kenntniß und Erfahrung aus. Man ertheilte ihm Lobsprüche, und bestätigte den Beyfall durch Zutheilung wichtiger und beschwerlicher Rechts-Sachen. Unter diesen befand sich zufällig auch die am 3ten Febr. 1773. präsentirte Anfrage des Magistrats der Reichsstadt Achen in Betreff der Jurisdiction des pensionirten nicht angestellten Majors Baron von der Trenck.

Schon

Schon am 11ten desselbigen Monats referirte er solche; weil aber ein ihm unbekanntes Normativ des Kaiserl. Königl. Hofkriegsraths, wegen des Fori der in Reichsstädten wohnenden pensionirten Officiers aufgesucht werden mußte: so ward an diesem Tage nichts, sondern erst in folgender Woche concludirt, und ein Votum ad sacram Caesaream Majestatem beliebt, noch in der Woche verlesen und genehmiget, und hierauf die Kaiserl. Resolution ertheilt, wornach der Major von der Trenck in seinem Foro domicilii als ein pensionirter nicht angestellter Officier Recht nehmen und geben sollte.

Das ist das Factum, worüber der Freyherr von der Trenck so schreiet, und von dessen Wahrheit sich ein jeder die völlige Gewißheit bewirken kann, der sich die in der Sache ergangene Conclusa aus den Kaiserl. Reichshofraths-Protokollen gegen Gebühr in Abschrift mittheilen läßt. Denn so wie das erste Conclusum in Narratis, das Präsentatum der Vorstellung des Magistrats zu Achen angiebt, so beweisen auch die übrigen Conclusa die Data der Resolution.

Bemerken Sie hier geneigtest, daß Achen von Wien 112 Meilen entfernt ist, und daß mithin der Magistrat in der Zwischenzeit vom Tage der Präsentation bis zum beliebten Voto unmöglich erfahren können, wer in causa zum

B   Reso-

Referenten angestellt sey; — daß die Reichs-Hofraths-Agenten nur sehr spät den Referenten erfahren; daß die Sache im ersten Turno des Grafen vorgetragen worden; — daß das Collegium, nicht der Referent, ein Votum an Kaiserl. Majestät beschließet, und die Gründe dazu dem Referenten suppeditirt, und fassen sie nun die Möglichkeit des dem Grafen vorgeworfenen falschen Referats wegen vorangegangener Bestechung. Und was hätte es dann würken können? Der Kaiser hatte ja selbst als Chef des Kriegs-Departements das Normativ gegeben, und kannte das Forum eines jeden Staabsofficiers besser als der Reichshofrath! und endlich ertheilte ja Er, nicht der Referent, der ohnehin im Collegio nur eine Stimme hat, die Resolution. Wie kann denn hieben dem Grafen von Grävenitz etwas zur Last fallen? Der Freyherr von der Trenck hat also ohne alle Wahrheit und entfernte Wahrscheinlichkeit etwas als wahr behauptet, was erdichtet ist, und er nie beweisen kann. Alle seine übrige Beschuldigungen sind von gleichem Gehalt. Ich will sie Stück für Stück beleuchten.

Man lese Seite 268. des zweyten Theils seiner Geschichte, die Erzählung des dem Grafen vorgeworfenen Briefwechsels mit dem Postmeister Heimsberg zu Achen, und halte damit die Data der Prozeßgeschichte zusammen. Man wird sich sogleich überzeugen, daß es eine von denen benen Erdichtungen ist, an welche der Freyherr bey Fertigung seiner Vorrede nicht gedacht haben muß. Er will nemlich, gleich nach erhaltener Nachricht von der im März 1773. ergangenen höchsten Resolution in pcto jurisdictionis, die Post genommen, und nach Wien gereiset seyn, und das hat seine Richtigkeit, denn er traf im Herbst daselbst ein.

Aber er will auch damals schon einen Originalbrief des Grafen an den Postmeister Heimsberg erhascht haben, worin nichts weniger stehen soll, als daß zwar das Recht auf des Herrn Majors Seite sey, der Graf aber ihn schon durch Verzögerung mürbe machen wolle. Nun bewahrheiten aber die Kaiserl. Reichshofraths Protokolle, daß der Prozeß mit Heimsberg erst im Frühjahr 1774. lange nach des Freyherrn von der Trenck Rückreise nach Achen per appellationem im Reichshofrath anhängig geworden.

Die ganze Correspondenz wird also dem Grafen gegen chronologische Wahrheit angedichtet.

Was den Prozeß mit Heimsberg selbst anlanget, so behauptet der Graf, daß der ganze Zusammenhang dieser Sache ihm zwar entfallen, die Trenckische Geschichtserzählung desselben aber gewiß den Akten nicht conform sey; indessen hat derselbe stets Bedenken getragen, sich über

die

die Interna der Sache zu verbreiten, da es gegen seine Pflicht ist, vota und arcana collegii zu entdecken. Vor einigen Wochen aber theilte er mir ein Schreiben seines Agenten in Wien vom 10ten Nov. a. p. mit; worin dieser ihm in Ansehung der gegen den Freyherrn von der Trenck bey Kaiserl. Reichshofrath übergebenen Satisfactionsklage schreibt:

Ich habe mit denen Herren Reichshofräthen und dem angestellten Referenten gesprochen. Sie sind alle der Meynung, daß die Sache nicht prosequirt werden könne, da das objectum litis relationes und vota, mithin arcana collegii wären; nicht zu gedenken, daß von der Trenck nun unter österreichischer Jurisdiction stehe, welches allerhand Hindernisse und Beschwerlichkeiten verursache.

Der Graf setzte hinzu: „Sie sehen, daß „man in Wien des Majors von der Trenck Er„zählungen für zu unwichtig ansiehet, als daß „man durch deren Widerlegung sich großen Be„schwerlichkeiten auszusetzen brauchte. Man „kennt ihn dort besser als hier; und weiß, daß „er ein unruhiger Kopf ist, den man bemitleiden „muß, weil er immer Händel sucht, und sich da„zu alle Mittel erlaubt."

Ich

Ich gestehe gerne, daß die Wiener Nachricht mich Anfangs betäubte, aber auch sehr bald überzeugte, daß diese inspectis actis et relationibus ertheilte extrajudicielle Resolution des Grafen Unschuld im größten Lichte darstelle: Denn wie könnte sonst dieses höchste Reichsgericht, ohne seine eigene Ehre zu verletzen, dem Grafen die angeschuldigte Facta übersehen?

Ich muß Ihnen gestehen, daß mir, so dreist die Beschuldigungen auch hingeworfen sind, solche doch immer, selbst ohne Rücksicht auf ihre Unerwiesenheit, sehr verdächtig vorgekommen sind. Ein Geschenk von 100 Dukaten ist ohnehin wohl bey einem Reichshofrath, selbst wenn er corrumpirt werden könnte, zu unwichtig. Aber, wann könnte denn der Graf in den Köllnischen und Heimsberger Prozessen Parthenlichkeit und Ungerechtigkeit ausüben. Da es Appellationssachen waren, so ließ sich der gewöhnliche Schlendrian: Bericht und Gegenbericht nicht hintertreiben, und dabey läßt sich auch Parthenlichkeit und Ungerechtigkeit nicht gedenken. Wie aber der Referent an dem Tage, wo beyde Sachen entschieden wurden, der Zeitpunkt, wo der Graf Anlaß zu Beschwerden geben konnte, die Sache entscheiden wollen, das lässet sich aus der Widerspruchvollen Trenckischen Erzählung mit Grund nicht beurtheilen; denn nach der Erzählung Seite 271. und 272. zu urtheilen, ist der Referent Tax. et

Tuba,

Tuba, daß die Appellationen abgeschlagen worden. Seite 275. aber muß gleichwohl der wahrheitliebende Freyherr von der Trenck vermuthlich, weil er dasjenige vergessen, was er fünf Seiten vorher geschrieben hatte, gestehen und bekennen, der Referent habe die Sache ihm zu gute entscheiden wollen.

Ist aber letzteres wahr, wann hat denn der Graf von Gräveniz den Freyherrn benachtheiliget? Vielleicht durch Verzögerungen, wie er es Seite 268. und 271. vorspiegelt?

Die der ganzen Welt zur Einsicht offenliegende Reichshofraths-Protokolle stellen abermals diese Trenckische Vorspiegelung in ihrer Blöße dar. Allenthalben ist also Unrichtigkeit und Contradiction, und der Graf behauptet: das Gift liege vorzüglich darin, daß der Freyherr ihm im erstern Vortrag andere Gesinnungen, als in dem letzten andichtet, da doch die Relationen, worauf er provocirt, den gewissesten Beweiß liefern, daß er stets einerley Meynung gewesen sey.

Sie können schon aus diesem ungefähr abnehmen, was von demjenigen Vorwurf zu halten sey, der dem Grafen in pleno bey Gelegenheit des letzten Vortrags gemacht seyn soll. Bey Seite gesetzt, daß es ziemlich unbegreiflich ist, woher der Freyherr von der Trenck jedes Wort

anzu-

anzugeben weiß, welches bey Gelegenheit des Vortrags seiner Sachen in den Gerichtsstuben geredet und votirt seyn soll, ist es gewiß eine den Kaiserl. Reichshofrath selbst beleidigende Bezüchtigung, wenn er behauptet, dieses höchste Gericht habe einen Mann unter sich gelitten, und am Rathstisch referiren lassen, der zweyer Bestechungen, und zwar so notorisch überwiesen worden, daß man sie ihm in pleno vorwerfen können. Vermuthlich hat er bey Niederschreibung dieser Erzählung nicht erwartet, daß andere als Kinder und der Pöbel seine Geschichte lesen würden, die er nur durch gemißbrauchte Namen dem Publico interessant machet.

Was er von seinen Besuchen schreibt, ist der Wahrheit gleich wenig angemessen, denn sonst hätte er nicht vergessen sollen, daß er dem Grafen schon 1773. wegen der Jurisdictionssache einen Besuch abgestattet hatte, und eben das, bey diesem Besuche sich erlaubte unziemliche Betragen ihm des Grafen Thüre bis 1778. verschlossen hat, und ihm der Zutritt gewiß noch ferner ohne Fürsprache untersagt geblieben seyn würde. Ob nun bey solchen Umständen, die gerühmte in Wien so ungewöhnliche Umarmung und die erniedrigende Entschuldigungen, die er dem Grafen mit wahrer Niederträchtigkeit andichtet, nicht wider alle Wahrscheinlichkeit anlaufen, das überlasse ich Ihrem Urtheil.

B 4   Beur-

Beurtheilen Sie selbst, ob auch nur eine Bezüchtigung begründet seyn kann, und ob nicht vielmehr der Graf ohne allen Grund zum Ziel des Trenckischen Giftes aufgestellt worden ist. Die Folge wird Jhnen die volle Ueberzeugung geben, daß der Graf nie zur erdichteten Cassation reif geworden ist, sondern, daß ganz andere Umstände, aber keine Unrechtfertigkeit seine Dimission im Jahr 1785. veranlasset haben.

Was sich sonst über den Trenckischen Vortrag noch für weitere Bemerkungen machen lassen, wird Jhnen nicht entgehen, nur bitte ich sein Seite 276. gethanes Geständniß, „daß ihm die „kleine Genugthuung erlaubt seyn müsse, den „Grafen so gemißhandelt zu haben" wohl in Erwägung zu ziehen; denn es enthält das Geständniß, daß Rache seine einzige Triebfeder bey dieser Mißhandlung sey.

Der ehrliche Mann lernet daraus des Freyherrn wahren Charakter, er muß aber gewiß mit mir ausrufen: wer will denn Richter seyn, wann derselbe für jeden gefällten Spruch der Rache des Sachfälligen Preiß gegeben, unschuldig an Ehre und Redlichkeit, ungeahndet, angegriffen, durch Unwahrheiten verunglimpft werden darf, und das Publikum ungeprüft, den redlichen Mann verkennet, und dem Rache schnaubenden Verurtheilten

theilten vollen Glauben beymißt. Doch laſſen
Sie mich in der Geſchichte fortfahren!

Des Grafen Chefs waren mit ſeinem Fleiß
zufrieden, und gaben ihm mehr als einen Be⸗
weiß ihrer Wohlgewogenheit. Sogar der Kai⸗
ſer bezeugte ihm ſeine Zufriedenheit, ſelbſt mit
Theilnehmung an ſeiner Geſundheit. Das feu⸗
erte ſeinen Dienſteifer natürlich an. Er entzog
ſich daher allen Abendgeſellſchaften, widmete ſich
ganz dem Dienſt, wechſelte mit Leſung nützlicher
Bücher ab, und erhielt dadurch ſtets gleiche Fer⸗
tigkeit und Eifer in ſeinen Geſchäften. Ich ha⸗
be darüber die Lobſprüche ſeiner Vorgeſetzten ein⸗
geſehen; — ſie ſind redende Zeugniſſe ſeines
Wohlverhaltens. Indeſſen misglückte es ihm
doch, die jedem fleißigen Rath verſprochene Zu⸗
lage zu erhalten. Schon im zweyten Jahr that
der Herr Präſident Graf von Harrach darüber
den Vortrag, und im vierten Jahr ward ſolcher
mit dem Reichs-Vicekanzler gemeinſchaftlich ſo⸗
wohl in Rückſicht des Grafen, als in Rückſicht
anderer Räthe wiederholt, aber der Kaiſer hob
aus Allerhöchſt Demſelben gefälligen Gründen
jenes bey Seinem Regierungs-Antritt gethane
Verſprechen ein für allemal auf.

Indeſſen erhielt der Graf von der Hochſeli⸗
gen Kaiſerin ſtatt des bisher genoſſenen Quartier⸗
Geldes von 500 Gulden ein Naturalquartier,

und zwar mit Wand- und andern Meubeln. Die deshalb ertheilte Notification des Herrn Reichs-Vicekanzlers war schmeichelhaft, aber der allerhöchste Lobspruch Seiner Kaiserl. Majestät, daß er diese Gnade durch seinen Fleiß und Diensteifer wohl verdient habe, mußte ihn entzücken. Allein schon wenige Wochen, nachdem er dieses Quartier bezogen hatte, mußte er einen recht traurigen Auftritt erleben.

Die Kinder seines sehr unglücklich gewordenen jüngsten Bruders waren von der Hochseligen Kaiserin in katholischen Klöstern erzogen. Die beyden jüngsten Töchter hatte sie mit gewöhnlicher Milde zu Kölln und Niederschönefeld als Klosterfrauen ausgesteuert, und die Aelteste zu Augspurg bey den Klosterfrauen zu unsrer lieben Frau in die Kost gegeben. Hier war diese mit dem Sohn eines dortigen Patricii und Bürgermeisters von Matty bekannt geworden, und hatte denselben als einen wohlhabenden Mann geheyrathet. Eilf Kinder und manche Zufälle hatten das Vermögen verzehret, wozu vorzüglich mit beygetragen, daß sie ihre Mutter mit zu sich genommen hatte. Nun nach der Mutter Tode und nach dem Verlust von neun Kindern war sie nach Wien geeilet, und verlangte persönlich bey dem Grafen in der betrübtesten Lage Hülfe und Unterstützung.

Zwey

Zwey Kinder, die Erziehung bedurften, vermehrten das Unglück. Mit Geld konnte der Graf ihren Bedürfnissen nicht mit einemmale abhelfen, und doch glaubte er es sich Pflicht zu seyn, sie nicht zu verlassen.

Er bot ihr daher sein Haus zu einer Freystatt an, und mußte für ihren Unterhalt und für die Erziehung ihrer Kinder sorgen. Er that es mit aller Treue, aber er wußte nicht, welche Natter er dadurch in seinem Busen erwärme.

Indessen ereignete sich auch ein anderer Umstand, der ihm in Zeit von 14 Tagen den bittersten Kummer veranlaßte, und beym Kaiser den Grund zum ersten Mißvergnügen gegen ihn legte.

Der durch seine Reichthümer eben so sehr als durch manche Handlung bekannte Graf und nunmehrige Fürst von Palm hatte auf Anstiften seines Oberbeamten zu Illeraichheim den dortigen Rechnungsbeamten cassirt, und zugleich an ersteren ein Commissorium des Inhalts erlassen: daß er dem Beamten das Cassationsdecret einzuhändigen, und dann zu untersuchen habe, worin des Mannes Verbrechen eigentlich bestünden.

Der Oberamtmann, Kläger, Zeuge und Richter überfiel den Rechnungsbeamten, nahm ihm

ihm seine Rechnungsbeläge weg, und leitete die Sache inquisitorisch ein, vermogte seinen Herrn zu Ausfertigung eines Landesverweisungsdecrets, und realisirte solches durch Wegbringung des Beamten über die Grenze unter Zuziehung der nöthigen Schergen.

Der Rechnungsbeamte gieng nach Wien, und wollte beym Reichshofrath klagen. Der Oberbeamte hielt sich dieses gefährlich, und vermochte Ersteren zu einer schiedsrichterlichen Vereinbarung. Beyde Theile übertrugen dem Grafen von Grävenitz dieses schiedsrichterliche Amt. Anfangs weigerte er sich der Uebernahme. Als aber beyde Theile der Appellation, Restitution, Revision, auch allen erdenklichen Rechtsmitteln entsagten, und zwar der Graf von Palm bey gräflichen Worten und Treuen, so ließ er sich den Auftrag gefallen, übernahm die Revision der Akten, verhörte beyde Theile, gestattete vorbehaltenermaßen dem beklagten Rechnungsbeamten den letzten Satz, womit man ihn nicht gehöret hatte, versuchte die Güte und publicirte in deren Entstehung das Laudum dahin, daß der Beamte wieder in Officio zu restituiren, von weiterer Rechnungsablage zu absolviren, und ihm für Schimpf, Schaden und Kösten, die ermäßigte Summe von 6000 Fl. zu zahlen wären.

Der

Der Oberbeamte, auf den alle Schuld fiel, glaubte es bey diesem Ausspruch nicht lassen zu können, und der Herr Graf von Palm hatte nicht Einsicht genug, um sich jenes Anschläge zu widersetzen. Er appellirte daher an den Kaiserl. Reichshofrath gegen gegebenes Wort. Vergebens protestirte der Graf von Grävenitz dagegen; der Reichs Hofrath nahm die Apellation an. Das verdroß den Grafen doppelt.

In der ersten Hitze eilte er zur Hochseel. Kaiserin, und beschwerte sich über den Herrn Grafen von Palm, und da ihm in der Audienz auch seine häusliche Lage, wovon gleich unten ein mehreres, einfiel, so ging er so weit, daß er um anderweite Versorgung, oder mindestens um eine solche Summe bat, welche hinreichend wäre, nach getilgten Wiener Schulden sich wieder in seinem Vaterlande mit Anstand niederlassen zu können. Die Kaiserin äußerte ihr Mißfallen über des Grafen von Palm Betragen, und frug, wie viel der Supplicant zu seiner Absicht brauchen möchte? „7000 Ducaten!" erwiederte er „1000 sind zur Tilgung meiner „Schulden erforderlich, und 6000 werden im„mer hinreichen, um in Meklenburg zu leben! „Es ist mir nicht lieb, daß er Schulden hat! „antwortete die Kaiserin. Ich will mir vom „Vice-Präsident von Hagen — Ich meine, „er ist sein Freund — Bericht erstatten lassen!
„Er

„Er soll durch ihn meine Entschließung erfah-
„ren!"

Ehe aber diese erfolgte, traf der Kaiser von seinen Reisen in Wien wieder ein. Der ungeduldige Graf eilte zu ihm und trug auch ihm seine Beschwerden vor.

Der Kaiser unterbrach ihn: „Ich bin schon „unterrichtet! mich dünkt aber, beyde Theile „haben gefehlt! Palm, daß er appellirt hat, „und Sie, daß Sie ihn in eine Summe von „6000 Gulden verurtheilt haben.

Den Grafen schmerzte diese Resolution und er erwiederte: „er verehre zwar das Urtheil „Sr. Majestät, müsse aber gestehen, daß er in „der Meynung gewesen sey, daß, da er zum „Schieds-Richter gewählet worden, und arbi„trirt habe, ihm niemand nacharbitriren kön„ne. Es kann doch nicht anders seyn!" versetzte der Kaiser, und brach die Audienz ab.

Der Graf von Gräveniz konnte hieraus die Entschließung der Kaiserin abnehmen, und mußte der Sache ihren Lauf lassen. Sie ward nachher verglichen. Der Rechnungs-Beamte bekam 6000 Fl. und trat in die Dienste des Fürst Bischofs zu Freisingen. Der Graf verlohr indessen dadurch die Kaiserl. Huld. denn
der

der Kaiser verband nun mit dem Namen des Grafen von Grävenitz allemal den Gedanken eines verschuldeten Mannes, so daß, als er im folgenden Jahr nach Meklenburg Urlaub nahm, ihm zwar solcher, jedoch mit dem Anhang: daferne nicht inmittelst Wechsel verfallen würden, ertheilt ward.

Seine Umstände waren gleichwohl so verzweifelt nicht, da er nur etwa 1000 Ducaten schuldig war, ungeachtet, daß das aus Gefälligkeit gegen seine Frau geschehene viermalige Umziehen stets neue Kosten, wie seine kränkliche Umstände veranlasset hatten, auch so wohl durch Vermehrung seines Hausstandes als durch die gleich darauf eintretende häusliche Uneinigkeiten sich solche nicht vermindern konnten.

Letztere erschüttern nun den Grafen ganz. Denn da seine zu sich genommene Bruder-Tochter schon in ihrer Jugend zur römischen Kirche übergetreten war, und die Heilige spielte, täglich beichtete, und bis 6 Uhr fastete, alle Woche zweymal communicirte, alle Kirchen Andachten besuchte und von nichts, als Wundern ihrer Kirche sprach: so vermehrte sie bey seiner Gemahlin, die schon lange genährte Neigung zu dieser Kirche.

Der

Der Graf unterließ nicht, sich oft weitläuftig über die richtigen Begriffe zu verbreiten; kehrte er den Rücken, so wußte seine Bruders-Tochter die Sätze der römischen Kirche immer schmackhafter zu machen; zumal die Ehre, mit der Kaiserin in einer Capelle zu beten, die Hoffnung, Stern = Kreuz = Ordens = Dame, wie sie es auch würklich ward, zu werden, und als solche mit der Kaiserin am heiligen Grabe zu wachen und zu knien, zu viel unwiderstehliche Reize für sie hatte, und sie den vielen Versuchungen zu widerstehen viel zu schwach war, da unter ihrer großen Bekanntschaft es mehr als eine Dame gab, welche einen Proselyten zu machen für den sichersten Weg zum Himmel hielt, und daher alle Leidenschaften bey solchen Gelegenheiten in Bewegung zu setzen sich bereit ferte.

In dieser betrübten Lage suchte er daher nur die Frau Gräfin dahin zu bestimmen, einen Entschluß, wenn sie ihn faßte, nicht ohne ihn dazu vorzubereiten in Ausführung zu bringen. Denn ihm als erstem evangel. Reichshofrath konnte durch eine dergleichen Religions-Veränderung seiner Frau, in Ansehung des Zutrauens der Protestantischen Stände, der größte Nachtheil erwachsen, daher er denn schon vormals um die Stelle eines Siebenbürgischen Thesaurarii nachgesuchet, und

auch

auch bey der obgedachten Audienz den Wunsch, Wien zu verlassen geäußert hatte, weil er nur dadurch allein dem Aufsehen vorzubeugen hoffte.

Doch seine Frau Gemahlin setzte ihren Entschluß so behutsam ins Werk, daß ehe er es sich versah, sie ihm die Entdeckung machte, daß sie der Kaiserin ihren Entschluß zur römischen Kirche überzugehen eröffnet habe. Man kann sich des Grafen Bestürzung vorstellen, da er sich diesen Schritt, als den letzten gedacht hatte. Sein Schrecken aber vermehrte sich, als er wahrnahm, daß die Kayserin das Geschäft ihres besondern Schutzes würdigte.

Gleich am folgenden Tage brachte ihm der Pater Prior der Barnabiten an der St. Michaeler Kirche einen Gruß der Kaiserin, welche von ihm vernehmen ließ, ob die Religions-Veränderung der Gräfin mit seiner Einwilligung geschehe? und ob diese in seinem Quartier den erforderlichen Unterricht nehmen könne? Er ließ für diese ihm bewiesene Achtung submissest danken, aber auch bezeugen, daß die Religions-Veränderung der Gräfin ganz ohne seine Einwilligung erfolge; daß er bey dem einmal gefaßten Entschluß sich nicht ermächtiget halte, über seine Ehefrau einen Gewissens-Zwang auszuüben; und geschehen lassen müsse, was zu hintertreiben nicht in seiner Macht stehe;

von

von der Gnade der Kaiserin Königin sich aber verspreche, Sie würden es ihm zur Schuldigkeit nicht auflegen, der Gräfin in seinem Hause einen weiteren Unterricht nehmen zu lassen, der ohnehin bey dem einmal gefaßten Entschluß überflüßig seyn würde.

Die Frau Gräfin nahm also auf Befehl der Kaiserin bald bey der verwittweten Frau Gräfin Salm Reiferscheid, bald bey der Frau Gräfin von Lamberg den erforderlichen Unterricht, und nach zehn Tagen legte sie in der Michaeler Kirche mit allem Prunk und unter Begleitung der Hof-Bedienung ihr Glaubensbekenntniß ab.

Was das für ein Aufsehen in Wien, und wie viel Kummer es dem Gräfen verursachte, ist leicht zu begreifen. Doch catholischer Seits glaubte man nichts weniger, als über den Grafen selbst einen gleichen Sieg davon zu tragen. Seine bisherige häusliche Eintracht war allgemein bekannt und belobet. Man schmeichelte sich daher, die Zerstörung derselben würde ihm am bittersten fallen, und Kummer hielt man für das wirksamste Mittel zu jenem Siege. Seiner Frau ward daher der Gedanke von der Ungültigkeit einer durch protestantische Geistliche geschehenen ehelichen Einsegnung beygebracht, und nun machte die Frau Gräfin im Namen

Namen der Kaiserin ihm den Antrag, das Haus, mithin sein vi officii besitzendes Hof-Quartier, worin alle Meublen sein Eigenthum waren, zu räumen. Das war bedenklich, der Graf verlangte Zeit, um den Antrag mit seinem Chef zu überlegen, und ersuchte den Hrn. Reichshofrath, Grafen zur Lippe darüber Rücksprache mit dem Hrn. Präsidenten Grafen von Harrach zu halten. Als nun Ersterer die Antwort zurück brachte: „Der Herr Präsident fänden, daß wann die Frage sey, wer das Haus zu räumen habe, die Antwort nur dahin ausfallen könne, daß es die Frau Gräfin seyn müsse. Der Graf möchte nur diese Antwort ertheilen, er Präsident stünde ihm für alle Folgen", so erwuchs hieraus Trennung von Bett und Tisch und gänzliche Störung alles häuslichen Friedens. Ich will Ihnen mit Auseinandersetzung aller für den Grafen von Grävenitz daraus entsprungenen Bekümmernisse und nachtheiligen Folgen nicht beschwerlich fallen. Der Wunsch, Wien zu verlassen, mußte freylich nun, wenn gleich aus andern Quellen, sich mit jedem Tag vermehren!

Eben damals sollten nun im Bannat Temeswar, die Kaiserl. Königl. Domainen verkauft werden. Stehende Hebungen zu $4\frac{1}{2}$, die übrigen Revenüen aber zu 6 pro Cent und erstere verhielten sich zu letzteren, wie 1 zu 6. Eine nach

nach und nach erworbene Kenntniß aller von der K. K. Hof-Cammer vestgesetzten Bedingungen, gaben ihm die Ueberzeugung, daß nichts vortheilhafteres sey, als dort Besitzungen zu erwerben, und daß der Vortheil sich vermehre, je nachdem der District sich vergrößere, den man übernehme. Das war seinem Genie völlig angemessen. Er faßte daher den Entschluß, sich um Besitzungen zu bewerben, und eröffnete dieses der Hof-Cammer mit Bitte zu bestimmen, für wie viel $\frac{100}{m}$ thl. man ihm zu überlassen wohl gemeynet sey? Anfangs hielt man die Proposition für Chimäre. Als er sich aber erklärte, für 3 bis $\frac{400}{m}$ an sich bringen zu wollen, so vermuthete man, es sey ein Reichsfürstlicher Hof hierunter versteckt.

Endlich erfolgte die Resolution dahin, daß niemand für mehr als $\frac{400}{m}$ Gulden erhandeln könne; der Graf erklärte so fort, daß er für sich und seine 3 Brüder-Söhne 4 Portiones auf so hoch an sich zu bringen gedächte. Das war zwar noch unbegreiflicher, indessen ertheilte man ihm Pässe und Anweisung an das General-Gouvernement, um die Gegend selbst in Augenschein zu nehmen. Er reisete hin, besahe alles, und wählte das schicklichste zur Handlung, denn diese Gegenden reizten ihn am meisten.

Fast

37

Fast alle schiffbare Flüsse aller Oestreichschen Staaten vereinigten sich in dieser Gegend durch den Zusammenfluß der Sau, Drau, Maros, Theis und Donau; und da im Passarowitzer und Carlowitzer Frieden auf der Donau die Handlung zugesichert war, so entging es ihm nicht, daß die Cammer einen ganz verkehrten Weg wählte, wenn sie die Landes-Producte auf der Axe und auf ungebähnten Wegen nach Triest und Fiume mit Kosten, die alle Vortheile entrissen, verfahren ließ, da hier im Gegentheil die Natur in allen Provinzen die Bahn gezeichnet hatte, und auch die schlechtesten Fabricata auf diesem Wege am wohlfeilsten und sichersten abgesetzt werden konnten.

Nach vollbrachter Reise suchte er durch den schwäbischen Kraiß-Casserer Tritschler zu Stuttgard die nöthige Summe in Genua zu negotiiren.

Er verlangte $\frac{1800}{m}$ Gulden, nemlich $\frac{1600}{m}$ zum Ankauf und $\frac{200}{m}$ Gulden zum Nego: und zu der ersten Einrichtung. Sein Freund bewirkte ihm solche auf 25 Jahr zu 4 pro Cent unter Intabulation und gegen Eviction des angegebenen Ertrags durch die Kaiserl. Königl. Cammer; wobey er den Vortheil genießen sollte, daß die Capitalien 7 Jahr ungekündiget stehen bleiben und in den folgenden 18 Jahren erst

C 3 abge-

abgeführet werden sollten. Er sah mithin ein Etablissement vor sich, bey welchem ihm ein jährlicher Ueberschuß von circa 50000 Gulden gewiß war. Er hatte mithin alle Wahrscheinlichkeit für sich, seinen doppelten Endzweck zu erreichen.

Doch ehe dieses Negoce zu Stande gediehe, hatte der damalige K. K. Vice-Commer-Präsident Graf Joseph von Bathyan mit ihm über seine Absicht bey diesem Ankauf eine lange Conferenz, und da der immer offene Graf auch gegen denselben seinen Plan unverhohlen entdeckte, und insbesondere seine Absicht in Rücksicht des Commerze so viel möglich reizend darstellte, so verlangten Sr. Excellenz einen Entwurf darüber, welcher Ihnen auch in wenig Tagen mit Auseinandersetzung aller Vortheile und Vorzüge mitgetheilt ward, und worüber Sie nicht nur ihre völlige Zufriedenheit, sondern auch bezeugten, daß der Graf der Hof-Cammer dadurch einen weit natürlicheren Weg zu Erzielung eines glücklichen und großen Absatzes der Landes-Producten nachgewiesen habe, und man solchen sich zu Nutze machen würde.

Der Graf von Grävenitz faßte neuen Muth, ward aber bald nachher gewahr, daß bey jeder wöchentlichen Besprechung sich die Schwierigkeiten immer vermehrten, und er vermuthete,

muthete, daß es von dem Mißtrauen an künftiger baaren Bezahlung herrühre. Die Vorlegung seines ganzen Negoce-Plans schien ihm daher zur Beförderung der endlichen Entschließung nothwendig, und da dieser Plan bis zum Schluß gediehen war, so eilte er damit zur Hochseel. Kaiserin.

Auf seinen kurzen Vortrag erhielt er aber die unerwartete Resolution: „Es thut mir leid, „mein lieber Grävenitz! aber — ich habe ein„mal den Entschluß gefaßt, keinem Protestan„ten im Bannat die Thüre zu öffnen!" Das that weh: Der Graf beklagte sich deshalb besonders bey dem ungarischen Cammer Präsidenten, Grafen von Festetitz, der in Rücksicht der durch diese Resolution beeinträchtigten Rechte der ungarischen Protestanten eine Gegenvorstellung wagte, aber nichts bewirkte, als daß dem übergebenen Supplicato zur Resolution beygeheftet ward: findet das Gesuch nicht statt; welches die Cammer damit beschönigte, daß sie sich auf die Eviction ihres Anschlages nicht einlassen könne.

Die Kaiserin war indessen durch die Festetitzsche Gegenvorstellung überzeugt worden, daß sie ihren Endzweck den Grafen durch ihre Resolution zum Uebergang zur catholischen Kirche zu vermögen nicht erreicht, ihm aber gleichwohl seine

seine schönste Aussicht verdorben habe. Sie glaubte ihn daher wieder aufrichten zu müssen, und ließ ihm durch den Kaiserl. Reichs Hofrath Grafen von Sternberg den Cammerherrn-Schlüssel unter der Versicherung ihm die große und kleine Tax erlassen zu wollen, anbieten. Er dankte aber für die ihm zugedachte Gnade, da er dadurch an Einnahme nichts gewönne, und im Rang vieles verlöhre, auswärts aber dieser Beweis Kaiserl. Königl. Huld leicht als Lohn für die nicht behinderte Religions-Veränderung der Gräfin von Grävenitz mißgedeutet werden könnte. Das erregte aber bey der Kaiserin wahres Mißvergnügen, so, daß er seitdem keine weitere gnädige Aufnahme genoß.

Der Kaiser, der nichts als Bruchstücke seines Plans kannte, hielt ihn für einen Projectmacher, ob er gleich den vom Graf Joseph von Báthyan unter seinem eigenen Namen vorgelegten Commerz-Plan aufs höchste belobte, genehmigte, unterstützte, und als er durch die erste höchstfehlerhafte Einleitung mißglückte, mit seinem Privat-Vermögen aufrecht zu erhalten beflissen war. So ward der schönste durchdachte Plan zu Wasser.

Des Grafen von Grävenitz ganzes Concept war verrückt. Seine häuslichen Umstände verschlimmerten sich mit jedem Tage, zumal die

Gräf

Gräfin seit der Religions-Veränderung nicht nur ihre Pension von 1000 Gulden, sondern auch ihren Gehalt von 1000 rthlr. blos als Nadel-Gelder nach östreichschem Fuß behandelte. Seine immer mehr ausschweifende Bruder-Tochter mußte er unter Uebernehmung großer Kosten von sich entfernen; und ihre Kinder kostbar erziehen lassen, bis der Churfürst zu Cölln den Sohn, und eine anständige Heyrath die Tochter versorgte. Sein Beschützer und Freund, der Reichs Hofraths-Präsident Graf von Harrach starb auch, und die Aussicht wurde immer trüber, zumal die innere Verfassung des Collegii mit jeder Woche neuen Aenderungen unterlag.

In diesen Umständen ward er mit dem Kaiserl. Geheimen Rath Grafen Theodor von Bathyan bekannt, und da dieser von der Wahrheit seines Commerz-Plans überzeugt war, und ihn wegen seines mißglückten Entwurfs herzlich bedauerte, so entstand bald unter beyden eine dem Anschein nach aufrichtige Freundschaft. Bey dem wiederholten Wunsch, Wien verlassen zu können, bot der Graf von Bathyan dem von Grävenitz seine ungarische Herrschaft Sommodor zur Leibpacht an; der liebe Mann aber, der immer von seinem Vermögen größere Begriffe hat, als begründet ist, schlug ihm solche zu 1000 Joch an.

Da

Da der Graf von Grävenitz eben damals von einer Schwindsucht bedrohet ward, so nahm er zu Herstellung seiner Gesundheit auf ein halbes Jahr Urlaub, ging nach Sommodor und wollte davon Besitz nehmen. Natürlich untersuchte er den wahren Werth der Herrschaft und bey dieser Untersuchung fand sich ein Deficit von 200 Joch. Das gab der Besitznehmung Anstand.

Der Graf von Bathyan traf auf die ihm davon gemachte Anzeige in Sommodor ein, und da es nicht möglich war, sich des Deficits wegen anders, als durch Ueberlassung der übrigen drey Güther zu vergleichen, so vereinbarten sich beyde Grafen, daß der ganze Complexus gegen jährliche 24000 fl. Pacht auf lebenslang überlassen werden sollte. Nun war die Erndte schon vorbey, und gleichwohl kam es auf einen Anschlag der vorräthigen Früchte an. Diese wurden nun zwar nach den Registern berechnet, und das Fehlende durch Ueberlassung des Inventarii und der Bathyanischen eigenthümlichen Wein-Berge bonificirt, jedoch die Revision vorbehalten.

Der Herr Pächter hätte nun zwar durch den ersten Vorgang gewitzigt seyn sollen, gleichwohl war er auch hier gefällig genug, da Graf Bathyan seine Herrschaften in Croatien noch

noch bereisen wollte, sich die Revision in jener Abwesenheit gefallen zu lassen. Hier ergab sich aber, daß alle überlieferte Früchte mit Fahrniß und Weinbergen kaum zu einem Anschlag von 16000 fl zu bringen waren. Da auf Weihnachten bereits der erste Pacht-Termin mit 8000 fl. berichtiget werden sollte, die Ablieferung aber am Ende des Octobers geschehen war, so war des Grafen von Grävenitz Verlegenheit nicht geringe, und um so größer, als Graf Bathyan erst Weihnachten in Wien wieder eintraf.

Der Herr Pächter kannte daher kein Mittel sich aus dieser Verlegenheit zu reissen, als jenen Zeit-Punkt in Geduld abzuwarten und dann dem Grafen, der eine Caution von 8000 fl. in Händen hatte, diesen neuen Anstand mit der Aeußerung zu berichten, daß wann für dieses Jahr es bey der Pacht-Bestimmung bleiben sollte, er lieber den Contract auf- und die Besitzung zurücke geben wolle. Der Graf von Bathyan, der in solchen critischen Fällen dem Rathe seiner Beamten folgte, wandte sich hier an seinen Inspector Mohalitz, der den Verstoß nicht leugnen konnte, der Leib-Pacht selbst aber stets entgegen gewesen war.

Da nun der Graf von Bathyan durch die Ausbleibung von 8000 fl. bey seiner immer fort-

fortdauernden Geldverlegenheit ohnehin aufgebracht war; so folgte er dem Rathe seines Inspectoris, den Herrn Pächter mit Gewalt zu depossediren. Der Entschluß ward, ohne Antwort zu ertheilen, ausgeführt, und der Graf von Stáveniß im Anfang der Fasten 1780 im Schloß zu Sommodor bloquirt. Da der Inspector nur 30 Mann hatte, so würde es dem Grafen leicht gefallen seyn, sich durch einen Ausfall mit etlichen und 20 Mann Luft zu verschaffen, zumal er das Gewehr der ganzen Herrschaft im Schlosse hatte; doch er begnügte sich, die Nachricht hievon per Estafette nach Wien zu senden, woher auf Befehl des Kaisers, durch die ungarische Canzley gegen den Grafen von Bathyan ein Mandatum de abducendo militem erfolgte. Immittelst hatte der Graf durch den Aerger über die vor dem Schloß von der Miliz sich erlaubte Ausschweifungen und durch die stete Unruhen so sehr an seiner Gesundheit gelitten, daß er am achten Tage vom Schlagflus gerührt, und an der ganzen rechten Seite gelähmet ward.

Da er freywillig sich zu Abtretung der Güther erboten hatte, so war er auch jetzt dazu bereit, jedoch nicht eher, als bis die Mannschaft sich wieder zurückgezogen haben würde. Das geschahe unter Vermittelung der Stuhl-Richter des Comitats, denen der Graf die Schlüssel

Schlüssel und Herrschaften überlieferte. Myha-
litz fand an der Administration um so weniger
etwas auszusetzen, als das Comitat solche durch-
gehends belobte. Allein er behauptete: es müßten
die Kosten der Adnsinistration von dem Admi-
nistratore getragen werden.

Hierüber hätte freylich verfahren werden
sollen, um aber der Sache ein Ende zu machen,
wurden 800 fl. mit Vorbehalt aller rechtlichen
Ausführung deponiret.

Die Sache machte in Ungarn, wie in Wien
großes Aufsehen.

Das Verfahren des Grafen von Bathyan
billigte niemand, selbst sein Schwager, der
ungarische Canzler Graf von Esterhasi, tadelte
ihn öffentlich, und der Kaiser beahndete ein so
kühnes Unternehmen. Der ungarische Cam-
mer-Präsident, Graf von Festetitz aber sandte
seinem Bruder, einem Nachbarn von Sommodor den Auftrag, den Grafen von Grävenitz
mit allem, Gelde, Lebensmitteln und was er
bedürfte, zu unterstützen, und nach aufgeho-
bener Blocade bis zu hergestellter Gesundheit
in seinem Hause aufzunehmen, welches auch
von diesem mit wahrer Bruder-Treue pünctlich
erfüllet ward. Der Kaiser konnte indessen dem
Grafen von Grävenitz diesen Vorgang nie verzeihen,

zeihen, und seit 1780 ist er wie wieder zur Audienz gelassen worden. Auch liegen noch bis diese Stunde die 800 Gulden bey dem Comitat in deposito, ohne daß er auf alle bey den Stuhl-Richtern übergebene Vorstellungen gegen den Grafen von Bathyan, einen Magnaten, eine Resolution erzielen kann.

Der Graf von Grävenitz brauchte lange Zeit, ehe er seine Gesundheit herstellen konnte, und der Kummer über sein Schicksal vermehrten sich, da er auf beyden Augen viele Wochen vom Staar, als einer Folge des Schlagflußes bedrohet ward. Aussichten zu besserem Glücke hatte er in östreichschen Staaten verlohren, und wie vielen Schwierigkeiten war nicht eine Anstellung im Reich unterworfen. Er mußte dem Schicksal, das ihn an Wien fesselte, weichen, verwandte daher seine Tage und Fleiß im Dienst, entzog sich allen Gesellschaften und Verbindungen, und kam nirgends hin, als in den Rath. Doch das publicirte Toleranz-Edict verwickelte ihn wider seinen Willen abermals in andere, als Dienstgeschäfte. Vergebens verbat er sich bey der Wiener evangelischen Gemeine die Direction; vergebens äußerte er seinen Collegen, daß er sich nicht schmeichele, beym Kaiser in solchen Gnaden zu stehen, daß eine auf ihn fallende Wahl Demselben gefallen würde.

Die

Die Wahl fiel einmüthig auf ihn. Er brachte auch durch seine und der Vorsteher Verwendung nicht nur für die Wiener, sondern auch zum Theil für andere Gemeinen die nöthigen Mittel zum Ankauf und Erbauung der Kirchen und Schulen, auch zu dem Unterhalt der Geistlichkeit zusammen, machte dem Kaiser über die Consistorial-Einrichtung in den österreichischen Staaten zweckmäßige, sogleich genehmigte, Vorschläge, gab in Ansehung der einzuführenden Liturgie dem nunmehrigen Superintendenten Fock manches Nützliche an die Hand, welches dieser unverbesserlich ausführte. Er erhielt auch aus dem Kaiserl. Cabinet, wegen seiner Vorschläge, die gnädigste Belobung; allein so sehr er sich auch durch diese Verwendungen um den Staat, Kaiserl. Majestät und Dero Unterthanen verdient machte, so konnte er sich doch nie die allerhöchste Huld wieder erwerben. Der Zeitpunkt nahete sich vielmehr, der ihn ganz der Kaiserl. Ungnade bloß stellte.

Seitdem der Graf von Grävenitz im Reichs-Hofrath introduciret war, mithin in einem Zeitraum von zwölf Jahren hatte dieses höchste Gericht seine Gestalt ganz verändert. So notorisch dieses in Wien und auch an allen Reichshöfen ist, so wird es doch nicht undienlich seyn, Ihnen das wichtigste davon hier anzuführen, da Sie wenigstens specialia nicht kennen.

Ehe=

Ehemals hatte jeder Räth nach seiner Ordnung nur alle 18 Wochen durch eine ganze Woche den Vortrag oder sogenannten Turnum gehabt. Unstreitig ward dadurch in der Arbeit unter allen Räthen, Gleichheit erhalten. Anno 1779. aber ward befohlen, daß in jeder Woche zwey Räthe einer von der Herren, und einer von der gelehrten Bank, und zwar jeder an jedem Tage anderthalb Stunden referiren sollte.

Nun waren auf der Herren Bank 7 und auf der gelehrten 9 referirende Räthe, und die Herren-Bank ward dadurch beynahe um 2/9 in der Arbeit stärker, als die Gelehrten-Bank angezogen, zumal auf die Dauer des Vortrags nie genau Acht gegeben ward, und die Räthe der Gelehrten Bank oft am Tage kaum eine Stunde referirten.

Kayser Carl der 6te hatte der Gelehrten Bank nicht zugestehen wollen, beym Apartement zu erscheinen, und ihnen daher den Gehalt von 2600 Fl. auf 4000 Fl. zum Equivalent erhöhet. Der jetzige Kaiser hob jene Verordnung auf, und erklärte die Räthe der Gelehrten-Bank Apartementsmäßig. Sie behielten ihre 4000 Fl., die Herren Bank aber erhielt die 1400 Fl. Zulage keineswegs.

Be-

Bekanntlich sollen die Reichshofräthe mit ihren Frauen und Kindern, wie die Cammergerichtsassessores aller Freyheiten und Exemptionen genießen; allein bald per generalia, bald durch andere Hofdecrete ward den Frauen und Kindern diese Freyheit entnommen, und bloß als Rechte betrachtet, die dem Reichshofrath für seine Person nur allein zustunden, so daß, zum Beweiß, wenn des Raths Gemahlin oder Kinder mit seiner Equipage aus den Linien fuhren, die Liniengelder erlegt wurden; saß aber der Reichs-Hofrath mit im Wagen, so war er frey.

Anderer Einschränkungen nicht zu gedenken, ward auch 1782. mit der Quartierfreyheit die wichtigste Veränderung getroffen. Denn, obwohl der Kaiser mit dem Churfürsten zu Mainz sich vereinbaret hatte, daß jeder Rath Natural-Hofquartier oder 500 Gulden und die Maut-Freyheit ohne alle Erschwerung genießen solle: so ward doch im Jahr 1782. alles Naturalquartier aufgehoben, und den Hausinhabern befohlen, denen Räthen das dreyfache der von diesen bisher gezahlten Quartiertax zu entrichten; wodurch dann der eine Rath 70 Fl. der andere über 500 Fl. jährlich an Quartiergeld; der Graf von Grävenitz aber nach der ihm darüber geworbenen Verordnung 354 Fl. erhielt, und sich ein ander Quartier für 700 Fl. miethen mußte.

D   Die

Die Abänderung des Mautsystems traf aber den Reichshofrath 1785. noch weit härter. Zwar sollte er seine Freyheit behalten, aber jedesmal die respective zu 30. 50. auch 100 pro Cent bestimmte Maut deponiren, und doch erklärte sich der Kaiser nur, daß er nicht abgeneigt sey, die deponirten Gelder dem Rathe am Ende des Jahrs zu erstatten. Pflicht und Eid machten es dem Reichs Hofrath nothwendig, dagegen Vorstellung zu machen, zumal seine Freyheiten ihm in Partem Salarii angewiesen worden. Er bewirkte aber nichts, als daß der Kaiser sich erklärte, das Depositum am Ende des Jahres zurückgeben zu wollen. Da die Erschwerung der Freyheiten dadurch nicht gehoben ward, so recurrirte der Reichshofrath an Chur-Mainz.

Der Rath, der seine Freyheiten verloren hatte, konnte nun auch in Mautsachen sich nicht einmal des Schutzes des Collegii erfreuen! Das machte einen jeden kleinmüthig, zumal auch die Stände die dem Reichshofrath als Gehalt beygelegte Laudemia entweder gar nicht zahlten, oder doch die nach ältern Maßstäben angesetzte fast auf nichts behandelten.

Des Grafen von Grävenitz Schicksal war dabey am härtesten, denn bey so vielen Einschränkungen seines Gehaltes war es für ihn unmöglich in Wien zu bestehen, und seine würdige 75jährige

jährige Mutter wollte er in dem Besitz seines Vermögens nicht beunruhigen.

Unter diesen Umständen, und da seine geschwächte Gesundheit den Aerzten bey seinem schwachen Nervensystem die Aeußerung oft entrissen hatte: er möchte suchen, sich unter wärmeren und temperirteren Zonen niederzulassen, verfiel er auf den desperaten Gedanken, sich um die Erlaubniß zu bewerben, sich in dem vortreflichen Climate des südlichen spanischen Amerikas und Königreichs Chili niederlassen zu dürfen. Er wandte sich deshalb im November 1784. an den Kaiserl. Königl. Legationsrath Homburg, und äußerte zugleich den Wunsch in jenem Lande eine kleine Versorgung erhalten zu können.

Da er die tausend Unannehmlichkeiten nicht verkannte, die nothwendig mit seinem Entschluß verknüpft seyn mußten, so hielt er es auch der Klugheit gemäß, alle Mittel zu versuchen, die Nothwendigkeit einen solchen Gedanken auszuführen, abzuwenden.

Er ließ daher des Kaisers Majestät ein Memorial überreichen, und führte darinnen an, „daß er zwar bey einem sehr mittelmäßigen Vermögen, in dessen Besitz sich noch dazu seine bejahrte Mutter befinde, jederzeit in Wien eingezogen gelebt habe, jetzt aber seit drey, vier „Jahren

„Jahren bey Einziehung aller Reichs Hofräthli-
„chen Freyheiten und Regalien unmöglich beste-
„hen könne. Er vermeyne indessen diesen
„Verluſt der in Partem Salarii zugetheilten Ge-
„rechtsame nicht verdient zu haben, da er in
„Ansehung seines Fleißes und seiner Rechtschaf-
„fenheit sich auf das Zeugniß der Stände, des
„Präsidenten und des ganzen Collegii berufen
„könne. Da nun Kaiserl. Majestät gewiß nicht
„gemeynet wären, ihm unverdient seinen Lohn
„zu schmälern, so bitte er um Vergütung wegen
„der entzogenen Freyheiten, mithin um Erhö-
„hung seines Gehaltes." Er erhielt aber unterm 19ten Jan. 1785. zur Resolution:

  Dem gräflichen Herrn Bittsteller kann
man hier Orts in seinem Gesuch nicht
willfahren.

Das hielt er nun für Weisung, sich nach andern Diensten umzusehen, und schrieb noch mit
selbiger Post an den Legations-Rath Homburg:
„Die Verfassung des Raths mache ihm die
„Nachsuchung seiner Dimission nothwendig, er
„bitte daher um Beschleunigung einer Ant-
„wort."

 Schon am 1ten Febr. 1785. erhielt er sie.
Der Legations = Rath schrieb: „daß nach der
„Meinung des Herrn von Iriarte, Königl.
„Raths

„Raths von Indien die begehrte Erlaubniß,
„wenn der Graf seine schwächliche Gesundheit
„bescheinige, keinen Schwierigkeiten unterwor-
„fen seyn würde, und auch eine Versorgung
„nicht entstehen könne, wenn er einige Capita-
„lien zu Urbarmachung einiger Ländereyen aus-
„setzte; voraus aber, wann er eine gute An-
„zahl Arbeitsleute (Ouvriers) mit sich brächte.
„Er rathe daher, sich von dem Königl. Spani-
„schen Legations-Rath in Wien, Herrn von
„Iriarte, einem Bruder des vorhergehenden,
„seiner Gesundheit wegen ein Zeugniß geben zu
„lassen, und füge diesem nur hinzu, daß die
„mitzubringen verlangt werdende Leute keine
„K. K. Unterthanen seyn könnten, weil es kei-
„nem von ihnen beyden zustehe, deren Aus-
„wanderung zu befördern."

Der Graf antwortete am 4ten besselben
Monats: „er sende ihm in Ansehung seiner
„Gesundheit das Zeugniß seines Medici, da er
„den Legations-Rath der spanischen Gesandt-
„schaft nicht kenne. Was aber seine Versetzung
„anlange, so würde unter jenen Bedingungen
„sein Endzweck leicht erreicht werden können.
„Am Rhein verlasse fast alles Volk sein Vater-
„land, und der Kaiser habe erst im abgewiche-
„nen Jahr über 30000 Seelen, die sich nach
„Wien gewandt hätten, in Pohlen und in Un-
„garn angesiedelt, nun aber wäre durch die Zei-

„tung

„tung der Ansiedelung Anstand gegeben worden.
„Wenn es daher auch auf die Bevölkerung einer
„halben Provinz ankäme, so könnte man, ohne
„Leute abspenstig zu machen, dazu Rath schaf-
„fen. Es käme nur darauf an, denen Leuten
„Sicherheit für die Inquisition zu verschaffen,
„die Kosten zu suppeditiren, und die Bedingun-
„gen bekannt zu machen; wodurch denen Leuten
„eine so weite Versetzung von ihrer Heimath
„nicht nur annehmlich gemacht, sondern auch
„würkliche Vortheile zugetheilet würden. Wenn
„das vestgesetzet wäre, so würde er mit Vergnü-
„gen die Direction einer solchen Colonie über-
„nehmen, und erwarte darüber seine Antwort."

Daß dieses durch Mißverstand des Wortes Ouvriers für Bauersleute, statt Handwerker im Zusammenhang mit dem Worte Defrichement erwachsene Schreiben zu einer neuen Mißdeutung Anlaß geben und für Seelen-Verkauf angesehen werden würde, das konnte nun freylich dem Grafen nicht einfallen, und noch weniger, daß man seinen Brief auf dem Wiener Post-Comtoir erbrechen oder Herr Homburg einen nachtheiligen Gebrauch davon machen würde.

Der Graf arbeitete daher mit vieler Ruhe, seine noch unter Händen habende wichtige Processe mit gewöhnlichem Fleiße ab. In der Mitte des Monats Febr. 1785 hatte er seinen letzten Vortrag, befand sich am Ende der Woche nicht wohl, und ward 8 Tage darauf zum

7tenmal

7tenmal vom Schlagfluß gerührt, und an der rechten Hand gelähmet. Die zusammen gerufene geschicktesten Aerzte, Baron von Störck und Hofrath Plenck bezeugten, daß nur eine völlige Verbesserung der Säfte durch eine Frühlings-Kur und Entfernung von allen Geschäften ihn gänzlich wieder herstellen könnte, als worüber sie ihm ihr Testimonium ertheilten. In dessen Gefolge bewarb er sich beym Präsidenten um Urlaub. Dieser verwies ihn an den Kaiser, er befolgte die Weisung, erhielt aber unterm 21ten Mart. 1785. durch den Präsidenten die Resolution:

Kaiserl. Maiestät könnten die anverlangte 3monatliche Garten-Kur nicht gestatten, denn die Räthe, welche besoldet, und in Diensten stünden, müßten arbeiten und den Rath frequentiren.

Der Graf von Grävenitz hielt dieses für eine Fortsetzung der am 19ten Jan. dieses Jahrs eröffneten Willensmeynung, ihn zur Dimißions-Nachsuchung zu nöthigen. „Er bat daher den „Präsidenten, da er vermuthlich von des Kaisers „Gesinnungen besser unterrichtet sey, ihn darü„ber zu belehren, und seinen Rath zu ertheilen, „da die Wahl zwischen Leben und Dienst nicht „anders als hart fallen könne. Der Herr Prä„sident erwiederte:"

Ew. Hochgebohren erfordern von mir in einer Sache Rath, die Dero Gemüths-, leibliche und häußliche Umstände betrift, die alle von niemand als von Denenselben beurtheilet werden können und müssen. Sie müssen daher mir es nicht übel deuten, wenn ich hierin Dero Antrag nicht befolgen kann.

Der Graf wollte nun wirklich um seine Entlassung bitten, und hätte seinen Vorsatz um so gewißer ins Werk gesetzt, wenn ihm schon damals bekannt gewesen wäre, daß der Kaiser dem Präsidenten angesonnen habe, den Grafen zur Resignation zu vermögen, daß er aber als Chef den Auftrag von sich abgelehnet, weil er keinem Rath die Auflage machen könne, der seinem Dienst genüget, und nie zur Klage Anlaß gegeben habe. Das Collegium aber ließ dem Grafen wissen, daß er um seine Dimißion keinen Schritt thun, sondern alles an sich kommen lassen möchte. Der Wink war ihm zu verehrlich, und er befolgte ihn.

Am 30sten März 1785. erhielt er nun von dem Legationsrath Homburg auf sein Schreiben vom 4ten Febr. eine weitläufige Antwort, worinnen er behauptete: „nie die Absicht gehabt zu „haben, dem Herrn Grafen eine ganze Colonie, „sondern nur einige wenige Handwerksleute „zu Begleiter zu geben. Die Befreyung von „oder

"der Inquisition sey unmöglich! Das Etablisse-
"ment könne nur aus einem gewöhnlichen Land-
"strich zur Urbarmachung bestehen, und schließ-
"lich müsse er bemerken, wie er ohne Beweiß,
"daß der Kaiser des Grafen Versetzung nach Chili
"genehmige, in der Sache keinen weitern Schritt
"thun könne."

Der Graf von Gräveniz schrieb ihm den 1ten
April 1785 zurück: "Seine Umstände erlaubten
"ihm in diesem Augenblick zwar nicht, jenen Ver-
"setzungs-Gedanken in völlige Ueberlegung zu neh-
"men. Als bloßer Colonist würde er nie nach Chili
"gehen, noch weniger sich und andere der Inqui-
"sition unterwerfen, vor der Hand aber die Cor-
"respondence hiemit abbreche."

Der Graf gab auch würklich den Gedanken
auf, weil er ihn für unthunlich hielt. Man denke
sich aber seine Lage. Krank! gelähmt! in Un-
gewißheit wegen seines Dienstes! von Haus-
Kreutz unterdrückt! ohne alle Aussicht! Nur ein
gutes Gewissen konnte beruhigen! Zwar hatte er
in Mecklenburg ein nicht unansehnliches Capital
nach dem Tode seiner Frau Mutter wieder in Besitz zu nehmen, daher ihn auch einige wenige
Schulden nicht beunruhigten, zumahl er noch an
verschiedenen Laubemien seinen 19ten Theil zu ge-
wärtigen, und im Jahr 1784 über 25000 Gulden einen Leibrenten-Contract abgeschlossen hatte,

wovon

wovon zwar annoch das Capital sub lite aber auch in executione stand. Aber — das waren doch immer nur entfernte Aussichten und es blieb ihm daher nichts, als daß er, da er sich in seinen Pflichten weder Versäumniß noch Ungerechtigkeit bewußt war, sich des Wohlwollens der Stände und des Raths schmeichelte! Man stelle sich daher seine Versteinerung vor, als ihm am 5ten April 1785 durch den Reichs-Hofraths-Präsidenten Freyherrn von Hagen die Abschrift eines an letzteren gerichteten Kaiserlichen Hand-Billets mitgetheilt ward, wornach er ihn bedeuten sollte: „Daß Kaiserl. Majestät ihm wegen seiner vielen „Projecte, schweren Schuldenlast und wegen des „an den Legations-Rath Homburg unterm 4ten „Februar nuperi gerichteten Antrags eines See„lenverkaufs seine Dimißion in Gnaden ertheilt „haben wollten."

Der Präsident fügte in seinem Handschreiben hinzu, daß ihm der Vorgang sehr betrübt, er aber nun der Meynung sey, daß der Graf seine Dimißion suchen und resigniren müsse. Der Graf dankte für das Beileid, und erwiederte:

> er habe allerdings verschiedene Schulden, aber auch ein weit größeres Vermögen. Daß er nie verklagt worden, müßten Sr. Excellence; ihm aber sey nicht bekannt daß auch nur eine einige seiner Verschreibungen ver-

verfallen wäre. Seine Schulden könnten
mithin kein Grund zur Dimission seyn,
oder es müßten auch die mehresten K. K.
Räthe mit ihm dimittirt werden. Seit er
aus Ungarn wäre, sey ihm kein Project bekannt, dem er sich unterzogen hätte, ausser
dasjenige, weßhalb er mit dem Legations-
Rath Homburg in Briefwechsel gestanden.
Dazu habe ihn seine Gesundheit, die Lage
des Collegii und die Kaiserl. Resolution
vom 19ten Januar vermocht.

Das Schreiben vom 4ten Februar habe
aber Hr. Homburg selbst veranlaßt, wie
der Herr Präsident aus der ihm hiermit vorgelegten Correspondenz abnehmen würde;
Da diese nun ohnehin abgebrochen sey, so
halte er solche für nichts, was ihm die Kaiserl. Ungnade verdienen könne. Ob aber
das Schreiben vom 4ten Febr. auch nur
entfernt etwas enthalte, was nach einem
Seelenverkauf schmecke, das überlasse er
dem Urtheil Sr. Excellence und der ganzen
Welt. So viele Kaiserl. ihn beugende Re-
solutiones bewiesen ihm indessen, daß seine
Dienste mißfielen, er wäre daher bereit seinen Abschied zu nehmen; und hätte zu ihm
Präsidenten das Zutrauen, daß er ihm das
Zeugniß bewiesenen Wohlverhaltens nicht
versagen würde.

Der

Der Graf von Grävenitz ließ daher noch an selbigem Nachmittag dem Kaiser sein Dimißions-Gesuch überreichen, und erhielt am 11ten April 1785 durch den Herrn Präsidenten zur Resolution:

Dimißions-Decrete wären beym Reichshofrath ungewöhnlich. Kaiserl. Majestät aber machten an des Hrn. Grafen gesammten Reichshofrathsdiensten, nach dem von ihm Präsidenten erstatteten Zeugniß, keine Ausstellung, und die ertheilte Dimißion habe die Reichshofräthliche Handlungen nicht zum Gegenstand, wie er Präsident denn auch immer bereit wäre, dem Herrn Grafen vor der ganzen Welt das Zeugniß zu geben, daß derselbe ein geschickter Rath und sehr fleißiger Arbeiter gewesen.

Diese Dimißion machte in Wien nicht weniger als bey den Reichsständen große Sensationes und von allen Seiten her ward ihm das theilnehmendste Beyleid in den schmeichelhaftesten Ausdrücken bezeuget.

Da die Frau Gräfin von Grävenitz gleich am Tage nach seiner Dimißion rein erklärte, ihrem Herrn aus Wien nicht folgen zu wollen, so mußte er noch ein halbes Jahr dort zu Berichtigung seiner Angelegenheiten sich aufhalten, und doch ward

ward nicht ein einziges Zahlungsdecret gegen ihn erkannt.

Das Unglück schien indessen ihn ganz bestürmen zu wollen. Von allen Laudemialgeldern giengen zu seinem Theil kaum 7000 Fl. ein. Ein Schuldner gieng ihm mit 1000 Fl. durch, das Leibrentencapital ward in Executione bis auf 700 Fl. verlohren, und da man ihm die bringendsten Vorstellungen machte, um ihn von einer Rückkehr in sein Vaterland abzuhalten, so ward er dadurch dort in noch jetzt unentschiedene Processe verwickelt; in Wien aber kam er in Verlegenheit, aus welcher ihn nur der Herr Graf zur Lippe durch edle, menschenfreundliche Verwendungen herausriß, und dadurch die Gelegenheit bewirkte sich persönlich in Warschau um Rußisch Kaiserl. und Königl. Polnische Dienste zu bewerben. Aber auch hier glückte es ihm nicht, und da er ¾ Jahr im Wirthshause und im theuresten zehren muste, so gerieth er dadurch abermal in Verlegenheit.

Gebettelt, wie der von Trenck sich erlaubt vorzuspiegeln, hat er aber so wenig, daß er vielmehr von vielen Großen und selbst von des Königl. Majestät mit Besuch beehret worden, und nur dann erst nach Mecklenburg abgereiset ist, als ihn seine Frau Mutter dazu in der Mitte des Monats März 1787. bringend auffordern ließ.

Bey

Bey seiner Tag und Nacht mit Extrapost fortgesetzten Reise, traf der Graf von Grävenitz im Anfange Aprils 1787 in Berlin ein. Er verweilte dort nur zwey Tage, um dem Herrn Staats-Minister Grafen von Herzberg, und einem andern angesehenen Freunde seinen Besuch abzustatten. Da der Herr Graf dort weder ein Billet noch weniger eine hohe Resolution erhalten hat, so ist es auffallend, daß der Freyherr von der Trenck in seinem 3ten Theil pag. 290 denselben in Berlin ein Consilium abeundi erhalten läßt, und sich die Genugthuung wünschet: es ihm behändiget zu haben. Wenn der Freyherr hier zum erstenmahl der Wahrheit eine Ohrfeige gegeben hätte, so müßte man es ihm verzeihen, weil er wegen des ihm vom Reichshofrath abgeschlagenen Privilegii impressorii bey Niederschreibung dieses Fürgebens seiner nicht mächtig gewesen zu seyn scheint, und in seiner Wuth nur alles hinschäumt; jetzt muß man ihn bemitleiden. Wahrscheinlich möchte dem Grafen sein Besuch in Berlin noch sehr gleichgültig gewesen seyn, da ihm damals noch, daß er von ihm mißhandelt sey, nicht bekannt war. Jetzt könnte er dem Herrn von der Trenck Briefe aus dem Ministerio in Berlin vorlegen, wo man höchlich betheuret, daß seine Schreiberey keinen Eindruck mache, weil man, daß der Graf die Bezüchtigungen nicht verdienet, völlig überzeugt ist. Indessen hat der Freyherr von der Trenck auch in diesem dritten

Theil

Theil seine Bodenlose Beschuldigungen und selbst die offenbar schmähsüchtige falsche Grille von Cassation wiederhohlt, aber auch einen neuen Beweis geliefert, daß er sich sehr oft Dinge als wahr gedenket, die nur in seiner Einbildung bestehen; denn, wegen seiner Sachen sind gegen den Grafen im Reichshofrath nie gerichtliche Acten verhandelt worden, aber Vota und Relationes liegen dort, die, wenn der Freyherr solche jemahlen zu Gesichte bekommen könnte, ihn mit Scham und Reue bedecken würden.

Ihrem unbefangenen Urtheil überlasse ich alles, und habe die Ehre zu seyn

der Ihrige

F.